TILMAN RÖHRIG ERZÄHLT VOM AUSBRUCH DES VESUV

Bilder von
Uwe Klindworth

Verlag Friedrich Oetinger · Hamburg

Tilman Röhrig, 1945 in Hennweiler/Hunsrück geboren. Freischaffender Schriftsteller, Regisseur und Schauspieler. Autor von Hörspielen, Drehbüchern und Erzählungen für Kinder, Jugendliche und Erwachsene. Seine Bücher, in vielen Sprachen erschienen, wurden mehrfach ausgezeichnet, unter anderem mit dem Deutschen Jugendliteraturpreis.

Einbandgestaltung: Manfred Limmroth
Titelbild und Illustrationen: Uwe Klindworth
Fotos: S. 39: Bilderdienst Süddeutscher Verlag, München,
S. 42/43: Manfred Storck, Bilderdienst Süddeutscher Verlag,
München, S. 62: Anton Kaiser, Bischofsheim/Rhön
Satz: Lichtsatz Wandsbek, Hamburg
Lithos: Die Litho, Hamburg
Herstellung: Mohndruck Graphische Betriebe GmbH, Gütersloh
Printed in Germany 1991
ISBN 3-7891-7501-3

Es ist so still. Die Zikaden zirpen nicht mehr. Selbst die Nachtvögel sind verstummt.
Auch in der Villa des reichen Kaufmanns ist es still. Nur mit einem Tuch bedeckt liegt Pia auf dem weichen Bett. Sie schläft. Gleich nebenan im Schlafgemach der Eltern ruht ihre Mutter.
Hinter dem vornehmen Steinhaus haben die Sklaven der Herrschaft ihre Kammern. Dort steht Pias Kinderfrau aufrecht im dunklen Zimmer und starrt zur Fensteröffnung. Was hat sie geweckt? Voller Unruhe horcht Thekla in die finstere Nacht. Dicht an der Wand hat sich ihr Sohn auf der dünnen Matte zusammengerollt. Stephanos atmet tief und gleichmäßig.

EUROPA
ITALIEN
Rom
Neapel
VESUV
AFRIKA
Mittelmeer
100 km
1 : 10.000.000

Pia und Stephanos sind keine Kinder aus unserer Gegend. Sie leben weit im Süden, in Italien. Dieses Land hat die Form eines Reitstiefels. Nein, die beiden wohnen nicht in der Hauptstadt, nicht in ROM. Weiter südlich, unterhalb von Neapel, erhebt sich ein mächtiger Berg, der VESUV.
Weit sichtbar ragt sein Gipfel in den Himmel. Zu seinen Füßen liegt eine schöne Stadt am Ufer der Meeresbucht. Hier in POMPEJI sind Pia und Stephanos zu Hause.

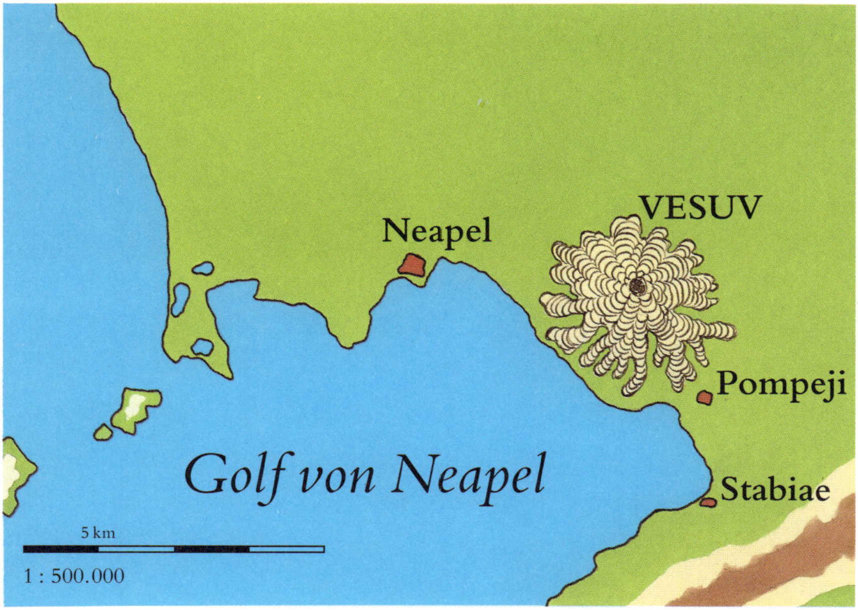

Weißgelb steht der halbe Mond über den flachen Dächern der Stadt. In dieser Nacht vor langer Zeit, damals im August des Jahres 79 nach Christi Geburt, wird es nicht kühl. Die Menschen schwitzen im Schlaf. Kein frischer Hauch weht vom Wasser herüber. Unbeweglich steht die stickige Luft über dem Marktplatz, in den Straßen und Zimmern.

Auf der Terrasse der Villa hebt der kleine Hund die Schnauze. Alexis schnieft ängstlich. Geduckt läuft er zur Steintreppe und springt vier Stufen hinunter. Er will noch tiefer, es gelingt nicht. Das Lederband an seinem Hals hält ihn zurück. Alexis jault jämmerlich. Mit einem Mal verstummt er. Stille. Die Nacht hält den Atem an.

Leises Grollen, nur kurz, schon bricht es ab.
Kommt ein Unwetter?
Schaut zum sternklaren Himmel. Nicht eine Wolke hat sich vor den Mond geschoben. Nein, kein Gewitter zieht vom hohen Vesuv auf Pompeji herab.
Wieder das Grollen. Unter der Stadt, unter unseren Füßen, da tief unten in der Erde, da rumpelt es dumpf.
Pia! Stephanos! Gebt acht!
Sie hören uns nicht. Sie schlafen fest.
Aus der Tiefe rollt ein Donner, poltert lauter, grollt herauf. Die Erde brüllt. In der Villa bebt der Boden. Die starken Mauern erzittern. Tonkrüge und Flaschen wackeln und fallen aus den Küchenregalen. Sie zerplatzen auf den Steinfliesen. Am Rand der Terrasse schwankt die stolze Marmorstatue. Sie kippt nach vorn und stürzt die breite Treppe hinunter, sie überschlägt sich, rutscht gefährlich dicht an Alexis vorbei und kracht auf die Gasse.
Stille. Die Erde bewegt sich nicht mehr. Das Beben ist vorüber. Alexis wimmert leise. Erst nach einem Atemzug wird es laut in Pompeji, von überall her rufen und schreien die Bewohner.
Im Schlafgemach klammert sich Pia an die Mutter.
„Hab keine Angst, mein Kind."

„Wo ist Vater?“ schluchzt das Mädchen.
„In Rom, das weißt du doch, Pia. Er kommt erst übermorgen zurück.“
„Was war das, Mutter?“
Beruhigend streicht Flavia, die Frau des Kaufmanns, ihrer Tochter über das Haar. „Die Götter haben sich gestritten. Mehr nicht.“

In der engen Kammer beugt sich die Griechin Thekla über ihren Sohn. „Still, Stephanos. Still.“ Sie wiegt ihn hin und her. „Für heute nacht ist es vorbei.“
„Was war das?“ fragt Stephanos.
„Der riesige Hund der Unterwelt ist aufgewacht.“ Fest drückt die Mutter den Jungen an sich.
„Und wenn er herkommt?“ Stephanos zittert.
„Komm, wir laufen weg. Bitte. Ich hab Angst. Ich will zum Vater auf das Landgut des Herrn.“
Thekla schweigt. Stephanos schlingt die Arme um den Hals der Mutter. „Ich will nicht gefressen werden.“ Er atmet schnell. „Bestimmt gehen Pia und die Herrin mit uns. Bitte, Mutter.“
„Still, Junge. Leg dich wieder hin und versuch zu schlafen.“ Besorgt blickt die Mutter zur dunklen Fensteröffnung. „Auch ich fürchte mich“, flüstert sie.

Endlich dämmert der Tag. Wie ein dunkler, drohender Riesenkegel reckt sich der Vesuv gegen den klaren Himmel. Glutrot steigt die Sonne hinter dem hohen Berg auf, rasch klettert sie höher, und ihre Strahlen sind so heiß, als wollten sie den Tag verbrennen.

Unten in Pompeji kehren die Bewohner alle Scherben aus den Häusern und räumen die herabgefallenen Steine zur Seite. Sie sind erleichtert.
Das Erdbeben der vergangenen Nacht hat keinen großen Schaden angerichtet. Auf dem Markt bieten die Händler Früchte, Gemüse und Fisch an. Die Menschen lachen und schwatzen, so sorglos wie jeden Tag.

Am späten Nachmittag sinkt die Sonne zum Meer hinab. Den breiten Schatten der Villa hat sie bereits bis zur Mitte der Straße vorgeschoben. Mit beiden Füßen steht Pia genau auf der Kante des schwarzen Schattens und verschränkt die Arme. „Wag es nicht, Stephanos! Wehe, du kommst in unsern Schatten."
„Was hab ich dir denn getan!"
„Nichts."
Stephanos setzt den Fuß einen großen Schritt vor.
Sofort droht Pia: „Ich schlage dich."
Stephanos versucht zu lachen, es gelingt nicht. „Dann sag ich's deiner Mutter. Sie hat's verboten."
Pia hebt die Nase. „Sklaven darf man schlagen, soviel man will."
Sofort wendet sich Stephanos ab. „Ich bin kein Sklave."

„Bist du doch“, triumphiert Pia, „mein Vater hat deine Mutter und deinen Vater gekauft. Du bist das Kind, also gehörst du uns auch.“
Stephanos steckt die Finger fest in die Ohren und setzt sich zwei Schritte vor dem Schattenrand auf die Gasse. „Dann warte ich eben hier, bis der Schatten herkommt. Es dauert nicht mehr lange.“
Stephanos und die Eltern sind Griechen. Vor mehr als hundert Jahren wurden ihre Vorfahren von den Römern als Gefangene nach Italien verschleppt und auf dem Sklavenmarkt verkauft. Damit fing es an. Auch die Kinder der Vorfahren gehörten der Herrschaft und wurden Sklaven. So ging es weiter. Die Eltern von Stephanos kaufte der reiche Kaufmann von einem Geschäftsfreund, und so brachte er Nikolaos und Thekla in sein Haus. Nie hat er die Sklaven geschlagen. Den tüchtigen Nikolaos machte er bald sogar zum Verwalter seiner Güter im Innern des Landes, gut einen halben Tag weit von der Stadt entfernt. Die kluge Thekla diente in der Villa, und nach kurzer Zeit schon vertraute ihr die Herrin wie einer Freundin. Vor zehn Jahren wurden beide Kinder hier in Pompeji geboren. Erst bekam Thekla ihren Stephanos, und wenige Wochen später brachte die Herrin Pia zur Welt. Die

Mutter von Stephanos liebte das Mädchen genauso zärtlich wie ihren eigenen Jungen und wurde die Amme der kleinen Pia. Thekla hat beide Kinder erzogen.
Pia und Stephanos sind wie Geschwister. Sie vertragen sich, und sie ärgern sich. Heute ist es besonders schlimm. Pia hat einfach ein gemeines Stück Streit aus der heißen Luft geschnitten und es Stephanos an den Kopf geworfen. „Und du bist doch ein Sklave!" schreit sie.
Stephanos schlägt mit der Faust auf die heißen Steine der Gasse. „Ich red nicht mehr mit dir. Du, du eingebildete römische Ziege!"
Beleidigt schweigt Pia. Nach einer Weile wird es ihr langweilig. Sie blickt sich um. Dicht an der Hauswand liegt Alexis.
Er hechelt und starrt zum Himmel. „Komm. Nun komm her, Kleiner", lockt Pia.
Sofort schimpft Stephanos· „Das ist mein Hund."
Er pfeift. „Komm zu mir, Alex."
Der Hund gehorcht nicht.
Jetzt locken beide Kinder. Doch Alexis drückt sich nur enger an die Wand und winselt.
„Und wenn er krank ist?" fragt Pia besorgt. Im selben Moment haben beide den Schattenstreit vergessen.

Gemeinsam laufen sie und hocken sich zu Alexis. Stephanos krault das braune Nackenfell. Pia streichelt die weichen Ohren. „Was ist denn mit dir?“ Der Hund schnieft und zittert. Pia blickt Stephanos an. „Hast du auch Angst gehabt? Ich mein, heute nacht?“
Stephanos schiebt die Unterlippe vor. „Nee, überhaupt nicht. Nur als alles so gewackelt hat.“
„Ich hatte Angst vor dem Krach. Die Götter haben so laut gebrüllt.“
Stephanos schüttelt den Kopf. „Du spinnst. Götter brüllen nicht unter der Erde.“

„Tun sie doch."
„Nein. Bestimmt nicht." Vorsichtig blickt sich Stephanos um, dann murmelt er: „Das Ungeheuer ist aufgewacht."
Beide umarmen den zitternden Alexis.
„Wir beschützen dich", flüstert Pia.

Rosen, Oleander und Jasmin, ein duftender Blumenkranz umgibt die weite Terrasse. Sorgfältig zupft die Herrin der Villa verwelkte Blüten von den Sträuchern. Thekla hält den Korb für den Abfall bereit. Die Augen der Griechin blicken sorgenvoll. „Glaubt mir, das Beben heute nacht war nur der Anfang."
Flavia lächelt ihrer Sklavin zu. „Sei nicht so ängstlich. Die Götter haben sich wieder versöhnt."
Die Mutter von Stephanos gibt nicht auf. Mit der Hand zeigt sie über die prachtvollen Häuser der Stadt zum Vesuv. Seine Hänge strahlen satt und grün, bis weit den Berg hinauf wachsen Weinstöcke, Pinien und Olivenhaine. „In seinem Innern kriecht die Bestie aus der Unterwelt hoch. Ich fühle es." Thekla reckt den Finger langsam bis zum Gipfel. „Von da oben wird sie auf uns herabspringen. Glaubt mir doch, das Beben war nur der Anfang."

„Also gut, Thekla, nimm deinen Stephanos und fahre auf unser Landgut. Grüße deinen Mann von mir.“ Flavia öffnet die Hand, und leicht fallen welke Blütenblätter in den Korb. „Ich glaube nicht an solche Zeichen.“

„Bitte, Herrin, kommt mit uns“, drängt die Griechin. Flavia lacht und schüttelt den Kopf. „Sei nicht töricht. Übermorgen kommt endlich der Herr aus Rom zurück. Wir geben ein großes Essen mit Wein, Musik und Fackeln. Alle Gäste freuen sich auf das Fest und wollen mit uns feiern.“
Thekla setzt den Korb ab. Flehend legt sie die Hände zusammen. „Dann gebt mir Pia mit. Kleine Ziegen sind angekommen. Das wird ihr Freude machen.“
„Einverstanden, du ängstliche Närrin“, seufzt Flavia. „Morgen in aller Frühe nehmt ihr das Schiff bis nach Stabiae. So kommt ihr leichter und schneller voran. Und jetzt kein Wort mehr.“
Wenig später reitet ein Sklave voraus auf das Landgut, um die Ankunft zu melden. Morgen vormittag soll der Verwalter Nikolaos am Hafen von Stabiae mit einem leichten Reisewagen Thekla und die Kinder erwarten.

In der Nacht bleibt die Erde still. Der Morgen graut. Der 24. August im Jahre 79 bricht an.
Noch vor Sonnenaufgang besteigen Thekla und die Kinder das schlanke Schiff. Lautes Bellen. Stephanos blickt sich um. Aufgeregt hüpft Alexis am Ufer, wagt sich nicht und springt dann doch ins Wasser.

Er platscht wild mit den Vorderpfoten und schwimmt auf das Boot zu. „Halt durch, Alex! Nur noch ein Stück", spornt ihn der Junge an.
„Wir nehmen ihn einfach mit!" jubelt Pia.
Weit beugt sich Stephanos über die Bordwand und fischt den Kleinen heraus. Alexis hechelt. Zitternd drückt er sich zwischen die Füße des Mädchens. „Was hast du nur?" Pia streichelt sein nasses Fell.
„Alexis will aus Pompeji fliehen. Auch die Tiere ahnen etwas." Mehr sagt die Amme nicht.

Gleichzeitig schlagen die vier Bootsknechte die langen Ruderblätter ins Wasser. Rasch verläßt das Schiff die Stadt und gleitet unter dem Segel übers Meer. Der klare Himmel verspricht einen schönen Tag. Doch das Wasser ist aufgewühlt wie bei schlechtem Wetter. Es riecht faulig. Überall in der Bucht schwappen kurze Wellen und tragen Gischtkronen. Als die Sonne steigt, blickt Thekla zum hohen Vesuv. Sie erschrickt. Ein schmutzigweißer Rauchpilz steht dicht über dem Gipfel. Die Griechin bedeckt ihre Augen mit der Hand. „Ihr Götter, habt Erbarmen", betet sie tonlos.
Bald landet das Schiff sicher im Hafen von Stabiae. Nikolaos umarmt seine Frau, drückt Stephanos an sich,

streicht Pia über das Haar und zupft Alexis am weichen Ohr. Der Sohn darf vorn neben dem Vater sitzen, und beide Pferde traben an. Die schnelle Fahrt geht durch üppige Felder und schattige Wälder tief ins Land hinein. Einmal wendet Thekla den Kopf. Der Vesuv ragt nicht mehr so bedrohlich nah wie in der Stadt. Aber hier aus der Ferne ist er in seiner ganzen Größe zu sehen. Deutlich erkennt sie den Rauchpilz. Die Bestie atmet, denkt die Griechin und blickt rasch wieder nach vorn.

Gegen Mittag, die Sonne brennt vom Himmel, rollt das Gespann in den Hof und hält vor dem großen Landhaus. Pia will sofort die Zicklein besuchen. Sie rennt mit Stephanos um die Wette, Alexis tobt hinterher. Erst weit hinter der Scheune wird Stephanos absichtlich langsamer. Pia darf ihn überholen und gewinnt. Atemlos klettern die beiden über den Holzzaun der Weide und laufen nebeneinander hinauf zum Ziegenstall. Alexis kläfft dicht hinter ihnen.

„Sei still!“ schimpft Pia, „du machst den Zicklein Angst.“ Ärgerlich wirft sie einen Stock. Alexis sucht und spielt mit ihm auf dem verdorrten Gras. Behutsam öffnet Pia die niedrige Stalltür. „Komm, Stephanos“, flüstert sie.

Keine Antwort. Sie blickt sich nach dem Freund um. Stephanos steht unbeweglich da, den Mund weit offen, doch kein Ton kommt heraus. Stumm starrt er zum

entfernten Vesuv hinüber. Pia hebt die Augen und zuckt zusammen. Der Rauchpilz ist hochgewachsen, wächst weiter, schnell und schneller, sein Wolkendach bläht sich auf. Schon ist es kein Rauchpilz mehr, ein furchtbarer Riesenbaum erhebt sich aus dem Gipfel des Vesuv und wächst, er wächst unaufhaltsam in den Himmel hinein. Mit jedem Atemzug wird sein breiter Stamm dunkler und länger. Weiße Dampfpfeile schießen aus der Bergspitze den Stamm hinauf in die Krone hinein. Die Wolke wuchert, in ihr toben Farben, da braun und schwarz, da weiß, dort giftig gelb und wieder schwarz. Die Wolke wuchert, sie frißt den Himmel wie ein gieriges Tier und verschlingt die Sonne. Es wird dunkel.
„Stephanos." Pia klammert sich an seine Hand. Der Junge drückt Pias Hand und hält sie ganz fest. Blitze schlagen aus dem Stamm, grelle Blitze zucken in der Wolke hin und her. Donner knallt, knattert und brüllt. Da heult ein Sturm heran. Er wirbelt Staub und Zweige vor sich her. Die Kinder werfen sich flach ins Gras. „Das Untier kommt!" schreit Stephanos.
Der Ziegenstall schwankt, die Holztür bricht heraus und wird fortgewirbelt. Schon legt sich der Sturm wieder. Nur ein leichter Wind weht.

Vorsichtig heben die Kinder ihre Köpfe.
„Stephanos! Pia! Wo seid ihr?“ Kaum hören die beiden das Rufen, raffen sie sich auf und stolpern den Hügel hinunter. Nikolaos kommt ihnen entgegen, legt den Kindern die Arme fest um die Schultern und führt sie zum Landhaus.
„Habt keine Angst“, tröstet Thekla, „wir sind weit genug weg. Hier sind wir sicher.“
„Wäre Mutter doch mitgekommen!“ wünscht Pia. Sofort nimmt die Kinderfrau den Kopf des Mädchens und drückt ihn an ihre Brust. „Denk nur, wie dick die Mauern der Villa sind. Sei unbesorgt, mein Liebling.“
Pia nickt beruhigt.
Doch die Griechin legt unbemerkt ihre Hand über die Augen. „Ihr Götter, beschützt meine Herrin“, fleht sie stumm.

Voller Grauen stehen alle Bewohner des Gutes seit Stunden schon auf der Dachterrasse des Landhauses. Mit weiten Augen beobachten sie den Vesuv.
„Aufgeplatzt. Als wären die Seiten des Berges aufgeplatzt“, stöhnt Nikolaos fassungslos. Riesige Feuersäulen steigen, breite Glutwände lodern,

unzählige Feuerspringbrunnen schießen an vielen Stellen aus den Hängen. Und über dem Gipfel wabert und wogt der Riesenbaum.
Plötzlich reibt Pia die Augen, auch Stephanos wischt die Augen, die Sklavinnen und Sklaven, Thekla und Nikolaos, alle blinzeln jetzt und wischen sich das Gesicht. Weiße Asche fällt. Es riecht schwefelig. Sie würgen und husten. Die Luft ist angefüllt mit Asche. Schon liegt sie fußhoch auf dem Dach des Landhauses. „Au!“ schreit Stephanos. Etwas hat ihn am Kopf getroffen. Er bückt sich und hebt einen Stein auf. Er ist so groß wie eine Faust und warm, doch löcherig und sonderbar leicht. Da und dort, fast jeder wird getroffen, die Steine prasseln nieder, von den Mauern federn die Brocken ab, oder sie zerplatzen. Schützend legen die Menschen die Arme über den Kopf und fliehen ins Haus.
Heftiger Regen setzt ein. Düster ist es. Pia steht an der Fensteröffnung und sieht hinaus. Gleichzeitig fallen Asche, Steine und Regen vom Himmel, am Boden werden sie zu einem zähen Brei.
Alexis! Pia erschrickt. Die Gedanken überschlagen sich. Er ist noch draußen! Wir haben ihn vergessen. Als es losging, war er noch auf der Ziegenweide. Alexis ist

klein. Der Schlamm steigt höher. Alexis ist klein. Im Schlamm erstickt er! Pia rennt zu Stephanos. „Wir müssen Alexis suchen! Wir müssen ihn retten!"
„Ihr dürft nicht hinaus." Thekla versperrt die Tür. Verzweifelt fleht Pia: „Bitte."
Stephanos schreit: „Alex stirbt da draußen!"
Der Vater kommt zu Hilfe, in der Hand hält er drei Kissen. „Wir gehen zusammen." Er nickt seiner Frau beruhigend zu. „Nichts kann geschehen. Die Brocken

sind leicht. Gegen die scharfen Kanten nehmen wir das hier."
Nikolaos legt jedem Kind eins der großen Kissen auf den Kopf. Er selbst nimmt das dritte. Sorgsam befestigt Thekla die Kissen mit Leinenbändern. Als Atemschutz schlingt sie den dreien Tücher um Mund und Nase.
Inzwischen hat der Regenguß nachgelassen. Mit einer lodernden Fackel stapft Nikolaos voraus. Die Kinder

folgen ihm. Schwer lösen sich die Füße aus dem Schlamm. Zäh klebt er an den Beinen. Asche rieselt, hin und wieder prallt einer der leichten Steine von den Kissen ab. Die Luft riecht faulig.

Endlich haben sie die Weide erreicht. Sie steigen über die Einzäunung. „Alex!" „Alexis!"

Kein Bellen antwortet.

Pia beeilt sich. Bis über die Knöchel watet sie im Brei. Ganz gleich. Sie will zum Ziegenstall. Stephanos und sein Vater suchen in der Nähe. Der Fackelschein gibt Licht genug.

„Alexis!" Keine Antwort.

Den Hügel hinauf wird die Schlammschicht dünner. Wieder ruft Pia: „Alexis!"

Winseln. Ganz schwach wimmert es irgendwo vor ihren Füßen. Mit beiden Händen tastet und wühlt Pia in dem Brei. Plötzlich berühren ihre Finger klebriges Fell. „Hierher. Ich hab ihn gefunden!" Pia läßt sich auf die Knie fallen. „Alexis!" schluchzt sie. Schon sind Stephanos und der Vater bei ihr. Entkräftet steckt der kleine Hund im Schlamm fest. Die Schnauze hochgereckt. Nasse Asche hat ihm Augen und Nase verklebt. Auch auf der Zunge klebt der weißliche Brei. Pia hebt den Kleinen auf. „Er wollte zum Stall. Doch

das hat er nicht mehr geschafft."
Stephanos seufzt erleichtert. „Wir haben ihn gerade noch rechtzeitig gefunden."
Mit der Fackel leuchtet der Vater in den Holzstall. Warm liegen die Zicklein am Bauch der Mutter. Hier oben sind sie sicher.

Im Landhaus binden Pia und Stephanos nur die Tücher ab. So sehr Thekla auch schimpft, für die Kissen auf ihren Köpfen haben sie keine Zeit. Alexis muß versorgt werden. Erst als sein Fell wieder braun glänzt und er zum ersten Mal bellt, erst jetzt sind die Kinder bereit, sich selbst sauber zu machen. Fest umschließt der getrocknete Aschenbrei die Füße. „Wie gebackener Lehm", staunt Stephanos und löst ein Stück. Er zeigt es Pia. „Da. Meine Zehen sind genau abgedrückt."
Wenig später schlafen die Kinder erschöpft ein. Sie liegen nebeneinander, Matte an Matte. In ihrer Mitte schnieft Alexis auf einer Decke.
Draußen fällt die Asche nicht mehr so dicht, nur noch selten poltert ein Steinbrocken.
„Ob es vorbei ist?" fragt Nikolaos seine Frau. Thekla schüttelt den Kopf. „Der Hund der Unterwelt holt nur Atem."

„Wir sind in Sicherheit“, sagt Nikolaos.
Thekla seufzt schwer. Sie denkt an ihre Herrin und weint.
Erst spät schläft sie ein.

Leise! Weckt Pia und Stephanos nicht auf. Den Menschen im Landhaus droht keine Gefahr. Geht mit nach Pompeji!
Je näher wir dem Vesuv kommen, um so greller leuchtet die Nacht. Unablässig fauchen Feuersäulen aus den Berghängen und tauchen Pompeji in glutrotes Licht. Hört ihr die Schreie der Bewohner, das Schluchzen und Wehklagen?
Aus der furchtbaren Wolke sind schwere und leichte Steinbrocken wie Riesenhagel auf die Stadt niedergeprasselt. Zur gleichen Zeit bebte die Erde in heftigen Stößen, Mauern zerbrachen, Häuser und Tempel stürzten ein. Giftiges Gas sank nieder, und Asche fiel so dicht, daß die Menschen verzweifelt nach Luft rangen. Tausende sind schon gestorben. Die andern versuchen zu fliehen. Doch wohin? In den Straßen türmen sich die Trümmer. Überfüllte Schiffe treiben hilflos im aufgewühlten Meer. Hohe Wellen schlagen über sie hinweg.

Geht mit zur Villa! Das Dach ist eingebrochen. Auf der Terrasse finden wir die Herrin. Verkrümmt liegt Flavia im zähen Schlamm, den linken Arm hält sie schützend vor das Gesicht. Pias Mutter ist tot, erstickt an Gas und heißer Asche. Kommt, wir können ihr nicht mehr helfen. Kommt schnell, wir müssen die Stadt verlassen!

Am nächsten Morgen bleibt es dunkel. Noch einmal bebt die Erde, noch einmal brüllt der Vesuv, furchtbarer als je zuvor.
Erst am 27. August des Jahres 79 steigt wieder die Sonne hinter dem Berg auf. Den hohen Gipfel gibt es nicht mehr, zwei niedrige Spitzen ragen jetzt nebeneinander in den Himmel.
Es gibt keine Weinstöcke, keine Pinien und Olivenhaine mehr. Die Berghänge des Vesuv sind schwarz. Auch die schöne Stadt am Ufer gibt es nicht mehr. Sie liegt begraben, tief unter Steinen und Asche. Pompeji ist untergegangen.

Am Mittag des 24. August im Jahre 79 nach Christi Geburt begann das Unglück. Nach drei Tagen und Nächten hatte der furchtbare Ausbruch des Vesuv die blühende Landschaft zu seinen Füßen zerstört. Drei Städte waren untergegangen.
In Herkulaneum und Stabiae konnten die meisten Bewohner noch rechtzeitig fliehen, doch in Pompeji war das Elend unvorstellbar. Zu schnell fiel der unbarmherzige Tod auf die Stadt herab. Mensch und Tier wurden getötet, und der Vesuv begrub die Hilflosen mitsamt den Wehrmauern, Tempeln und prachtvollen Gebäuden unter einer vier Meter dicken Aschenschicht. Die Suche nach Überlebenden war zwecklos. Nach vielen Jahren erst wuchsen Gras und Büsche über dem riesigen Grab. Schließlich erzählte niemand mehr etwas von der schönen Stadt am Ufer der Meeresbucht. In den Köpfen der Menschen war Pompeji vergessen.

Nur einige alte Schriften bewahrten die Erinnerung an das blühende Leben in Pompeji und das schreckliche Ende seiner Bewohner. Viele Jahrhunderte nach dem Unglück, erst vor 250 Jahren, erwachte die Neugierde an den versunkenen Städten. Gründlicher als je

zuvor wurden die alten Berichte durchstöbert. „Am Fuß des Vesuvs liegen Reichtümer begraben!"
Nicht nur Forscher und Wissenschaftler, sondern auch Abenteurer und Schatzsucher griffen nach Schaufel und Hacke.
Voller Eifer begannen sie zu graben.

Zunächst wurde Erde, dann Steine und schwarze Asche abgetragen, etwas tiefer stießen die Männer auf graue Asche, und darunter trafen sie auf eine mehr als zwei Meter dicke helle Aschenschicht. Schließlich blieben die Spitzhacken in Mauersteinen stecken. Eifrig schippten und kratzten die Männer die nur festgebackene Aschenschicht zur Seite, und bald hatten sie ein fast unversehrtes Haus freigelegt. Sogar die Wandbilder und bunten Mosaiken konnten sie noch erkennen. Pompeji war wiederentdeckt. Das erste Graben nach der versunkenen Stadt war sehr ungeschickt. Wurde ein neues Gebäude entdeckt, dann gruben die Ausgräber rundherum ein tiefes Loch. Die Erde warfen sie einfach hinaus, und oben entstanden große Hügel.
Sie suchten vor allem nach Kunstwerken, Gold, Silber und nach anderen Schätzen.

CAVE CANEM

Gut hundert Jahre später machte sich der Archäologe Guiseppe Fiorelli ans Werk. Er hatte die Geschichte vergangener Zeiten und das Ausgraben alter Tempel und Städte studiert. Fiorelli war der richtige Mann. Er ließ keine einzelnen Löcher buddeln, sondern die Arbeiter mußten von einer großen Fläche Schicht um Schicht die Erde, die Steine und schwarze Asche, die graue und endlich die helle Asche gleichmäßig abtragen. Allmählich tauchten ganze Stadtviertel von Pompeji wieder auf.
Seit Tagen schon legten die Arbeiter mit großer Sorgfalt eine Villa frei. Hinter dem vornehmen Steinhaus gruben sie die Kammern der Sklaven aus. Die Decke der Villa war eingestürzt. Schon waren die Umrisse der Terrasse deutlich zu erkennen, nur noch eine kniehohe Schicht bedeckte den Boden.
Fiorelli stutzte. Ein kleines Loch in der festgebackenen Asche, nicht größer als eine Faust, war ihm aufgefallen. Er bückte sich. Behutsam steckte er ein Stöckchen in die Öffnung. „Hier ist ein Hohlraum."
Nach kurzem Nachdenken ließ der Forscher Gips anrühren und in Eimern heranschleppen. Vorsichtig setzte er einen Trichter auf das Loch und füllte den Hohlraum aus, bis der flüssige Gips über den Rand der

Öffnung schwappte. „Wir warten."
Am nächsten Morgen kniete sich Guiseppe Foirelli vor das kleine Loch. Sorgfältig erweiterte er die Öffnung, ohne den Gips anzukratzen. Stück für Stück löste er die Aschenschicht. Ein weißer Arm erschien, darunter versteckt ein Kopf. Schweigend arbeitete der Forscher weiter. Gegen Mittag lag eine menschliche Gestalt vor ihm, eine Frau aus weißem Gips. Verkrümmt lag sie da, den linken Arm hielt sie schützend vor das Gesicht. „An dieser Stelle ist sie während des Vulkanausbruchs gestorben."

Erinnert ihr euch an die Geschichte? Wir fanden Pias Mutter. Zusammengekrümmt lag sie im zähen Aschenschlamm auf der Terrasse. Sie war bereits tot. Flavia lag in derselben Haltung dort wie nach vielen hundert Jahren diese Frau aus Gips.
Die zähe Asche hat den Menschen fest umschlossen", erklärte der Archäologe seinen Kollegen. „In den vielen Jahrhunderten ist der Körper zerfallen. Nur ein Hohlraum blieb von ihm übrig."
Guiseppe Fiorelli suchte weiter und fand noch viele Hohlräume in der festen Aschenschicht. Er goß sie mit Gips aus.

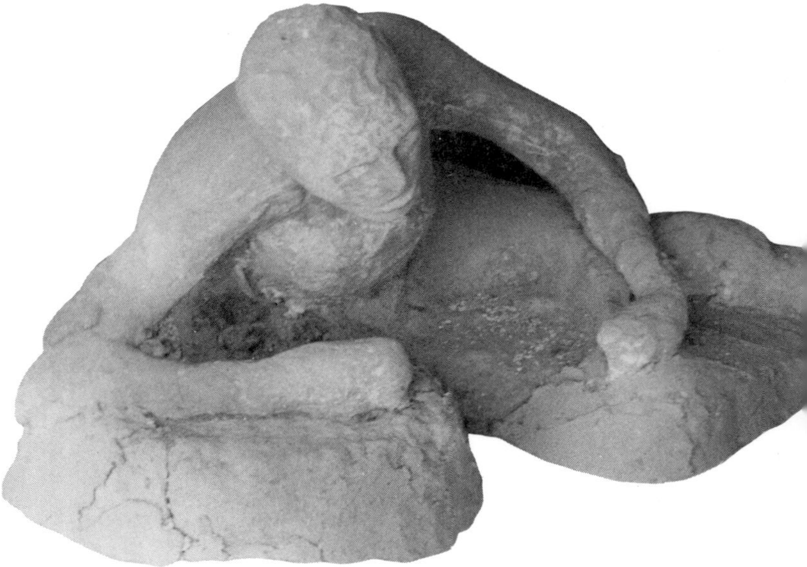

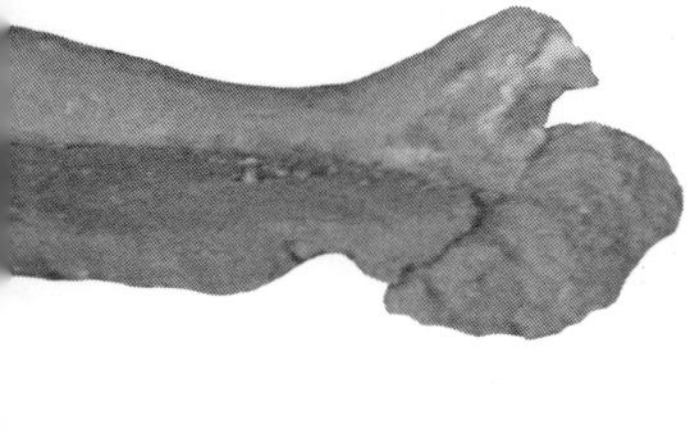

Heute ist das versunkene Pompeji von Asche und Geröll befreit. Niemand wohnt mehr in der schönen Stadt am Meerufer. Doch viele Besucher bestaunen Jahr für Jahr die Pracht und die Kunstwerke, die wieder ans Tageslicht kamen. Erschüttert blicken die Menschen auf die Gipsfiguren. Eine Mutter beugt sich behütend über ihr Kind. Da verbirgt ein Mädchen angstvoll das Gesicht. Ganz in der Nähe ringt der Vater nach Luft. Dort liegt ein Hund auf dem Rücken, mit den Pfoten hat er noch versucht, sich von der Halskette zu befreien. Das Elend von Pompeji blickt uns an.

Damals, am 24. August im Jahr 79, ist der Vesuv ausgebrochen. Dieser Berg ist ein Vulkan.
Wie konnte das Unglück geschehen?
Thekla erklärte: „Der riesige Hund der Unterwelt ist aufgewacht." Sie zeigte auf den Vesuv und warnte ihre Herrin: „In seinem Innern kriecht die Bestie hinauf." Sie reckte den Finger zum Gipfel: „Von da oben wird sie auf uns herabspringen."
Wir wissen heute, daß es keine Unterwelt gibt. Und doch brodelt und rumort es tief unter uns. Was ist da unter unsern Füßen?

Im oberen Erdmantel ist es nicht mehr so heiß wie ganz tief im Innern der Erde. Aber es gibt noch keine Felsbrocken. Die Hitze reicht aus, um Teile des Gesteins zu schmelzen.

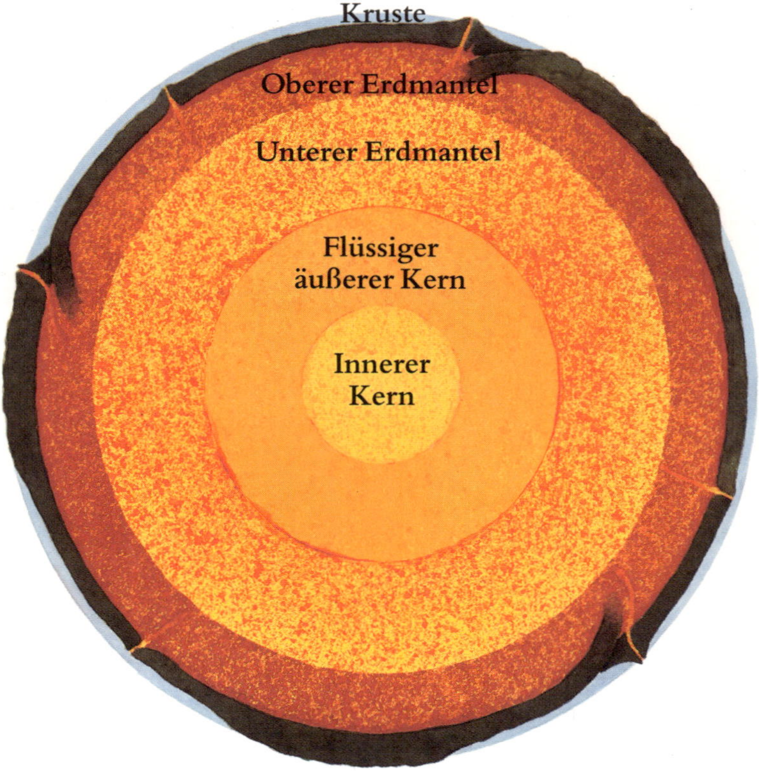

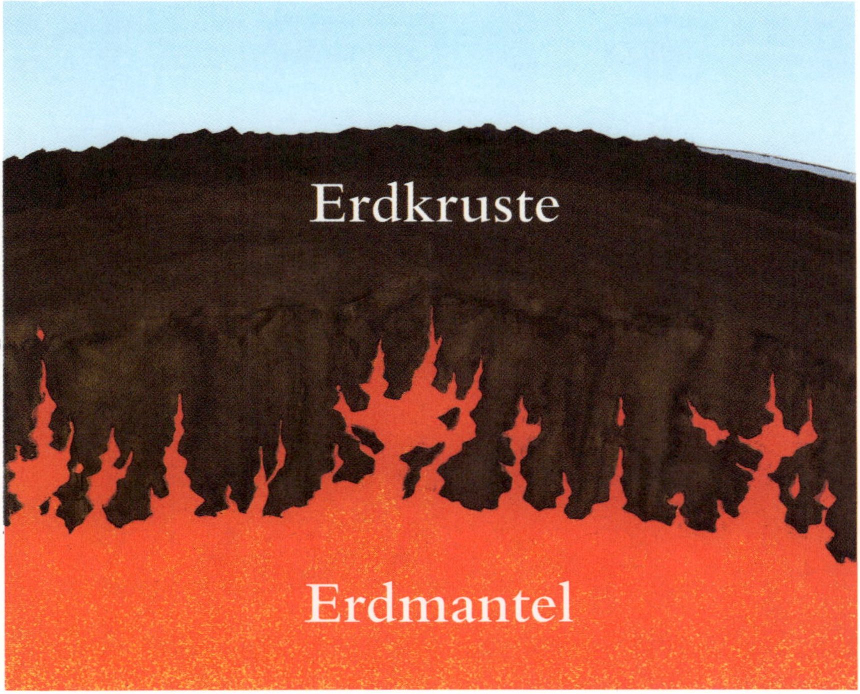

Dieser glutflüssige Brei wird aufgewühlt durch Gase. Er will hochsteigen und findet da und dort Hohlräume unter der Erdkruste. Wie in einem Herd wabert hier der Glutbrei, das Magma. Der Herd ist zu eng, der Hitzedruck nimmt zu. Mit Macht drängt das Magma weiter nach oben, doch es wird von der Erdkruste daran gehindert. Nicht überall! Wo gibt es einen Spalt oder Riß?

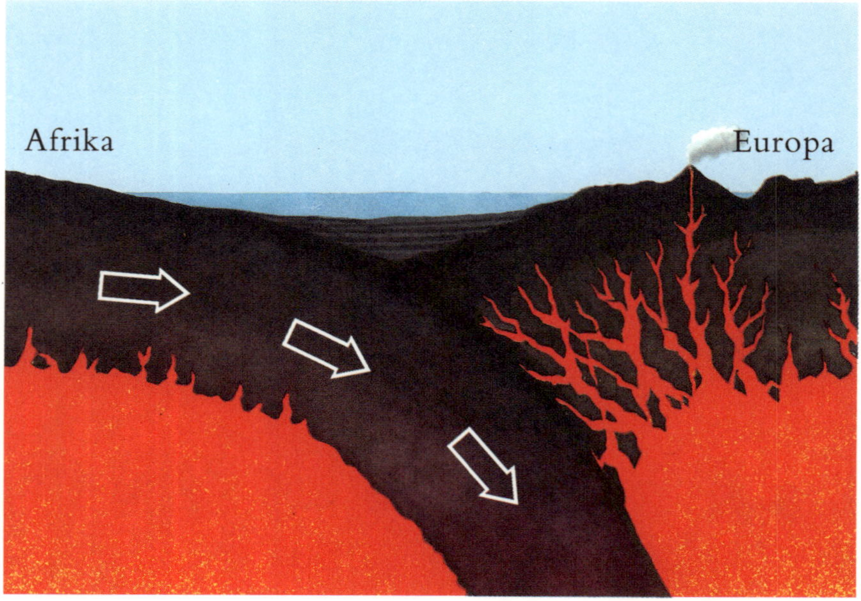

Die Erdkruste ist nicht so fest, wie es scheint. Sie besteht aus großen Platten, die sich unendlich langsam bewegen. Der Glutbrei drückt. Er sucht nach einer undichten Stelle. Besonders an den Rändern der Platten findet das Magma leicht einen Sprung oder eine Spalte. Und schon drängt das glutflüssige Gestein in Stößen aus dem Herd und steigt wie in einem Schlot an die Oberfläche. Sobald der Glutbrei hinausbrodelt, verändert er sich und ändert auch seinen Namen. Das Magma heißt jetzt Lava.

Herd

Wieder ein Stoß. Aus dem Schlot quillt Lava. Das ist noch nicht gefährlich. Denn sie kühlt schnell ab, erstarrt und bleibt um das Loch liegen. Beim nächsten Ausstoß legt sich neue Lava auf die alte. Ein Hügel wächst, er wächst Schicht um Schicht höher. Die Lava baut sich selbst ihren Berg. So entsteht ein Vulkan, wie der Vesuv.

In meinem Garten lebt und arbeitet ein Maulwurf. Das Gras bewegt sich. Mein Maulwurf drückt Erde nach oben. Erst nur ein Häufchen, aus der Tiefe schiebt er neue Erde hoch, einen Haufen, noch mehr Erde, aus dem Häufchen ist ein Maulwurfshügel geworden.
Nun ist das Magma kein Tier, das wissen wir längst. Der Glutbrei im Erdmantel hat ungeheure Gewalt. Und da, wo in der Erdkruste Risse entstanden sind, dort hat er sich viele Vulkane aufgebaut.

Die Höhe macht einen Vulkan nicht gefährlich. Der Gipfel des Vesuv war vor seinem Ausbruch im Jahr 79 noch nicht einmal 1500 Meter hoch.
Wie kam es zu dem Unglück?

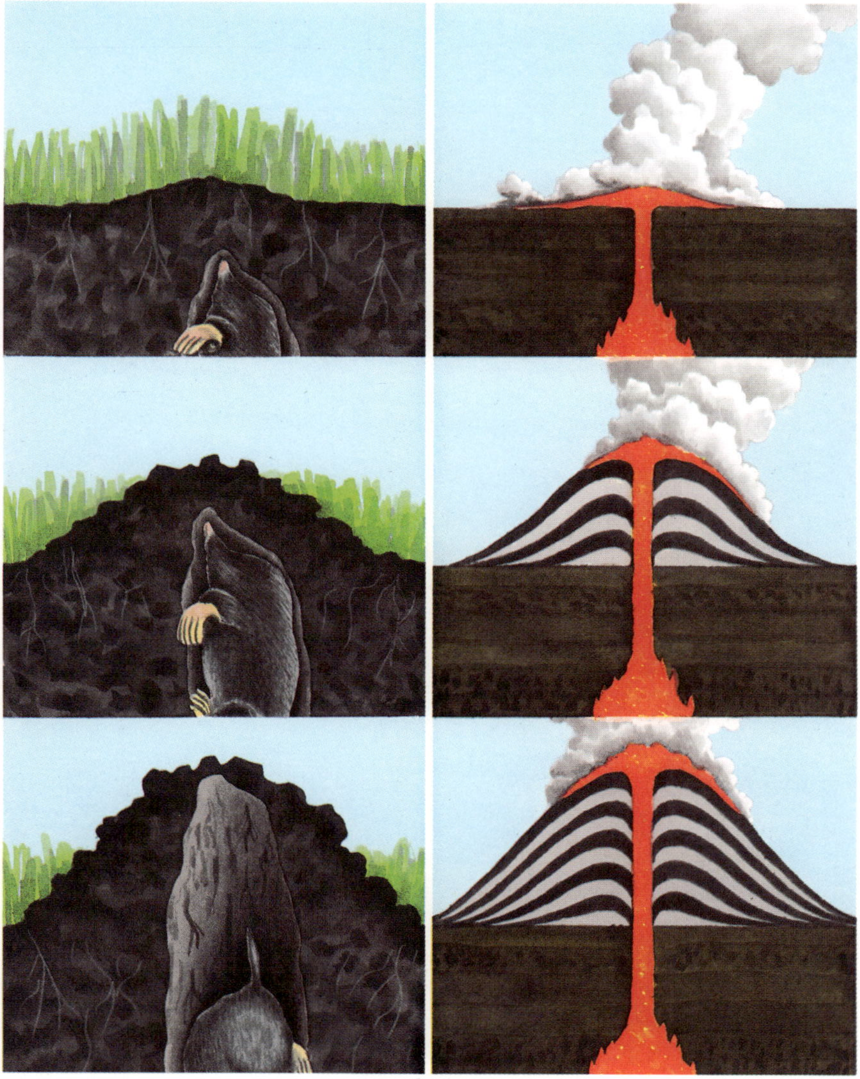

Kruste
Herd
Erdmantel

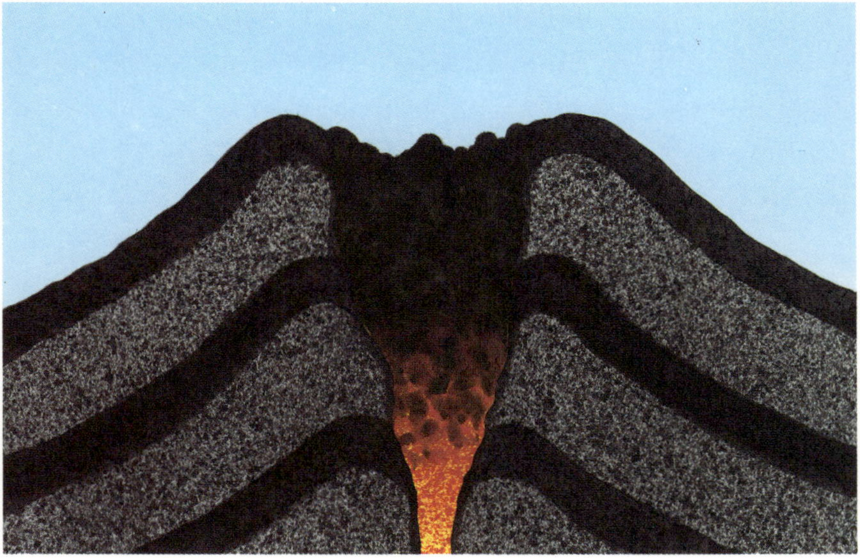

Der Vulkan sieht meistens wie ein Kegel aus. Oben ist sein Krater, die Trichteröffnung eines tiefen Schachtes. Dieser innere Schornstein reicht hinunter bis in den Vulkanherd und noch tiefer bis in den Glutbrei des Erdmantels. Wenn Gas und Magma zu stark aufbrodeln, dann kocht der glühende Brei in Stößen durch den Kamin nach oben und quillt aus der Öffnung. Das geschieht nicht jeden Tag, oft liegen Jahrzehnte, sogar Jahrhunderte dazwischen. In dem Schacht sinkt der Glutbrei nicht wieder zurück. Er wird kalt, wird zu hartem Gestein und verstopft das Loch.

Gäbe es Riesen, ich würde sie zu Fegern für Schornsteine ausbilden. Meine Riesenschornsteinfeger müßten regelmäßg von Vulkan zu Vulkan wandern, um die Kamine zu säubern. Aber leider gibt es keine Riesenfeger für diese Vulkanschornsteine.

So war es auch damals im Vesuv: Der Schlot war mit hartem Gestein wie mit einem Pfropfen verstopft. Bereits Wochen vor dem Unglück kochte der Glutbrei immer wieder hoch und konnte nicht hinaus. In Stößen suchte das Magma nach einem anderen Ausgang. Mit furchtbarer Gewalt drückte es von unten.
Erinnert ihr euch an den Anfang der Geschichte?
Aus der Tiefe rollte ein Donner, polterte lauter, grollte herauf. Am Fuß des Vesuv ächzte und bebte die Erde. Nur am Grund der Meeresbucht entstanden kleine Risse. Nicht genug für den Glutbrei, doch etwas von dem Gas konnte entweichen. Das Wasser in der Bucht war aufgewühlt wie bei schlechtem Wetter.
Es roch faulig nach diesem Gas.
Am Mittag des 24. August im Jahre 79 nahm der Druck wieder zu. Das Magma stieß in dem inneren Schornstein nach oben, der Stoß war gewaltiger als vorher. So gewaltig, daß er den Gesteinspfropfen

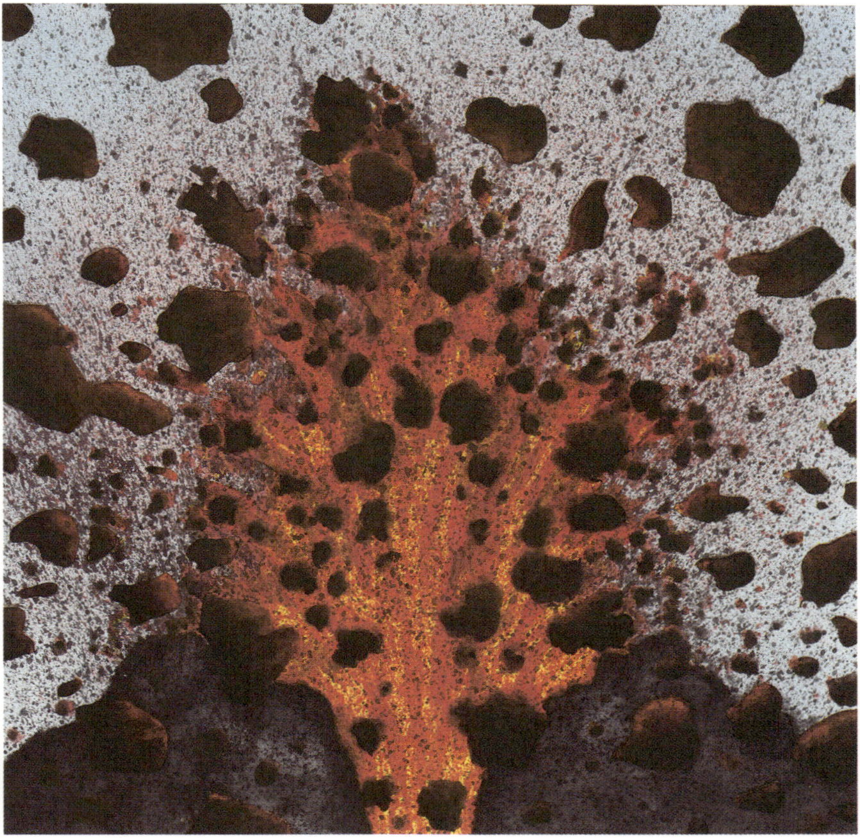

zersprengte und aus dem Schacht hinausschleuderte. Schon stürzten die ersten schweren Felsbrocken auf Pompeji nieder. Der Schornstein war frei. Die angestaute Lava schoß wie ein glühender Baumstamm in den Himmel und zersprühte in dieser riesigen Wolke zu Asche und kleinen Steinen. Wasserdampf zischte. Das Gas jagte mehr und mehr Lava hinaus. Die Berghänge des Vesuv rissen auf, die Lava spritzte wie aus Feuerspringbrunnen in die Luft. Die Tropfen aus glühendem Gestein kühlten schnell ab und schlossen Luftbläschen ein. Diese leichten Bimssteine und die Asche flogen weit, sogar bis hinüber zum Landgut des reichen Kaufmanns.

Stephanos wurde getroffen. „Au!“ schrie er und bückte sich. Er hob einen Stein auf. Er war so groß wie eine Faust und warm, doch durch und durch löchrig und sonderbar leicht.

Aus dem heißen Wasserdampf wurden rasch Wassertropfen. Es regnete. Am Boden bildete sich aus Asche und Bimssteinen dieser zähe Brei, in dem der erschöpfte Alexis beinahe gestorben wäre.
Schweres Gas quoll über den Rand des Kraters, und Giftwolken rollten blitzschnell auf Pompeji nieder. Die Menschen erstickten sofort, auch Pias Mutter.
In der Nacht bröckelten die Innenwände des Kraters. Gestein rutschte und verstopfte den Schacht.
Erinnert ihr euch an den nächsten Morgen?

In Pompeji blieb es dunkel. Noch einmal bebte die Erde, noch einmal brüllte der Vesuv, doch diesmal noch furchtbarer als je zuvor.

Es war der gewaltigste Stoß. Heftig trieb das Gas den Glutbrei nach oben. Doch der Schacht war wieder verstopft. Das Magma wurde aufgehalten. Glutbrei und Gas stauten sich, der Druck nahm zu, er wurde ungeheuerlich. Und am Morgen des 25. August sprengte eine gewaltige Explosion den ganzen Gipfel des Vesuv in die Luft.
Den Schluß der Geschichte kennt ihr.
Erst am 27. August des Jahres 79 stieg wieder die Sonne hinter dem Berg auf. Den hohen Gipfel gab es nicht mehr, zwei niedrige Spitzen ragten jetzt nebeneinander in den Himmel. Es gab keine Pinien und Olivenhaine mehr. Die Berghänge des Vesuv waren schwarz. Auch die schöne Stadt am Ufer gab es nicht mehr. Sie lag begraben, tief unter Steinen und Asche.
Pompeji war untergegangen.

Auch in Deutschland gab es Vulkane, die Asche und Bimssteine hochschleuderten und Lava ausspuckten. Doch der letzte Ausbruch liegt schon mehr als zehntausend Jahre zurück.

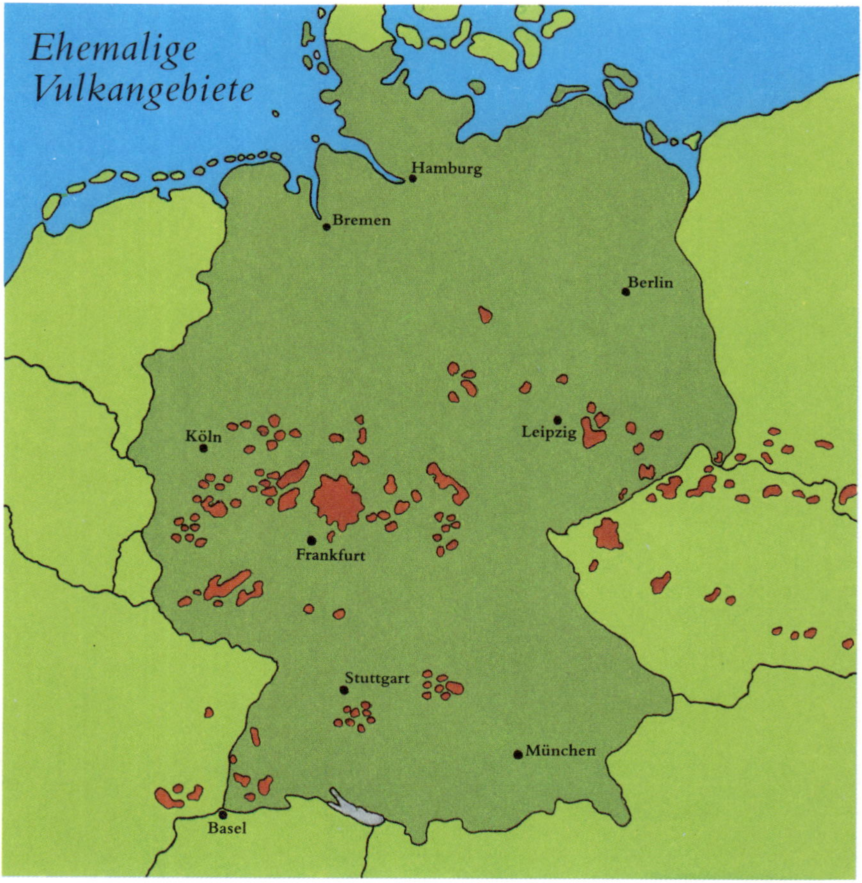

Geht mit mir spazieren! In der Eifel gibt es Reste dieser jüngsten Vulkane: Lavagesteine, Asche und Bimssteine. Die berühmten Eifelmaare sind nichts anderes als mit Wasser gefüllte Krater. Diese Krater in der Eifel sind jedoch anders entstanden als der Vesuv. Es gab dort nie einen Vulkankegel, der lange Zeit Lava auswarf.

Durch den hohen Gasdruck aus der Tiefe kam es zu einer einzigen Explosion des Schlotes. Mit dieser Explosion wurden Bimssteine und Aschen in die Luft geschleudert.

Nach der Explosion stürzten die Wände des engen Kraters in den leergeschossenen Schlot, wodurch ein weiter Krater entstand, in den das Grundwasser floß. So bildete sich der Kratersee, das sogenannte Maar.

Viel ältere Spuren von Vulkanen findet ihr in anderen Gegenden Deutschlands. Die runden Bergkuppen der Rhön sind die Überbleibsel längst erloschener Vulkane. Dies sind jedoch nicht die Vulkanberge selbst. Diese haben Wind und Wetter nach und nach abgetragen. Übriggeblieben sind nur die Schlotfüllungen aus hartem vulkanischen Gestein, die heute die Bergkuppen bilden.